MW01714584

Madame BAVARDE

Collection MADAME

1 MADAME AUTORITAIRE
2 MADAME TÊTE-EN-L'AIR
3 MADAME RANGE-TOUT
4 MADAME CATASTROPHE
5 MADAME ACROBATE
6 MADAME MAGIE
7 MADAME PROPRETTE
8 MADAME INDÉCISE
9 MADAME PETITE
10 MADAME TOUT-VA-BIEN
11 MADAME TINTAMARRE
12 MADAME TIMIDE
13 MADAME BOUTE-EN-TRAIN
14 MADAME CANAILLE
15 MADAME BEAUTÉ
16 MADAME SAGE
17 MADAME DOUBLE
18 MADAME JE-SAIS-TOUT
19 MADAME CHANCE
20 MADAME PRUDENTE
21 MADAME BOULOT
22 MADAME GÉNIALE
23 MADAME OUI
24 MADAME POURQUOI
25 MADAME COQUETTE
26 MADAME CONTRAIRE
27 MADAME TÊTUE
28 MADAME EN RETARD
29 MADAME BAVARDE
30 MADAME FOLLETTE
31 MADAME BONHEUR
32 MADAME VEDETTE
33 MADAME VITE-FAIT
34 MADAME CASSE-PIEDS
35 MADAME DODUE
36 MADAME RISETTE
37 MADAME CHIPIE
38 MADAME FARCEUSE
39 MADAME MALCHANCE
40 MADAME TERREUR
41 MADAME PRINCESSE
42 MADAME CÂLIN

MONSIEUR **MADAME**

MONSIEUR **MADAME**

MONSIEUR MADAME ® Copyright © 2014 THOIP (une société du groupe Sanrio). Tous droits réservés.
Little Miss Chatterbox © 1984 THOIP (une société du groupe Sanrio). Tous droits réservés.
Mme Bavarde © 1986 THOIP (une société du groupe Sanrio). Tous droits réservés.

Madame BAVARDE

Roger Hargreaves

hachette
JEUNESSE

Madame Bavarde parlait beaucoup.

Elle parlait tout le temps.

À longueur de jour et de semaine,
à longueur de mois et d'année.

Sans s'arrêter !

Elle ignorait qu'elle parlait
même en dormant !

Madame Bavarde avait un frère.

Tu devines son nom ?

Oui, c'est cela !

Monsieur Bavard !

Ils se ressemblent, n'est-ce pas ?

Ah, si tu les avais entendus
quand ils étaient ensemble !

Impossible de placer trois mots,

ni deux,

ni un !

Monsieur Bavard parlait
comme un moulin à paroles.

Sa sœur, elle, parlait
comme deux moulinettes à paroles !

Cette histoire commence le jour
où elle décida de chercher du travail.

Elle trouva un emploi.
Dans une banque
du Pays du Sourire.

Un lundi, à dix heures du matin,
monsieur Heureux entra
à la Banque Nationale du Sourire.

Il rédigea un chèque à son nom
et se rendit à un guichet pour tirer de l'argent.

Derrière ce guichet,
se tenait madame Bavarde.

Elle sourit à monsieur Heureux,
qui lui rendit son sourire.

– Bonjour, dit-il.

– Bonjour, répondit madame Bavarde,
et elle prit son souffle...

BANQUE

– Quel beau temps pour la saison
mais sans doute pas aussi beau
que celui d'hier et moins beau assurèment
que celui de demain bien que ce soit
un très beau temps pour un lundi matin
quand on pense que…

Et patati et patata…

Jusqu'à trois heures de l'après-midi !

Monsieur Heureux était toujours derrière le guichet,
bouche bée de stupéfaction.

Il y était depuis cinq heures !

– Bon, dit enfin madame Bavarde,
c'est l'heure de la fermeture de la banque
et celle de rentrer chez moi
et de vous dire au revoir
et que je suis ravie
de cette petite causette avec vous…

Et elle rentra chez elle,
laissant ce pauvre monsieur Heureux
sans argent.

Le lendemain, madame Bavarde
était renvoyée de la banque.

Elle trouva un autre emploi.

Au restaurant « La Bonne Soupe ».

À midi, monsieur Glouton entra
à « La Bonne Soupe »
et s'assit à sa place habituelle.

Il venait manger là chaque mardi
car c'était le jour où l'on servait
les repas les plus copieux.

Menu

La serveuse vint prendre sa commande.

– Qu'y a-t-il de bon aujourd'hui ?
lui demanda monsieur Glouton.

– Eh bien, dit madame Bavarde
(c'était elle la serveuse)
il y a de la salade de tomates
et du poulet grillé
et du canard laqué
et du lapin en gelée et de la ratatouille
et des épinards et bien d'autres bonnes
choses encore comme des frites et…

Et patati et patata…

Jusqu'à minuit !

Monsieur Glouton était toujours là,
cloué sur sa chaise de stupéfaction.
Il y était depuis douze heures !

– Bon, dit enfin madame Bavarde,
c'est l'heure de la fermeture du restaurant
et celle de rentrer chez moi
et de vous dire au revoir
et que je suis ravie
de cette petite causette avec vous...

Et elle rentra chez elle,
laissant ce pauvre monsieur Glouton
le ventre creux.

Le lendemain matin, elle était renvoyée !

Toute la semaine, ce fut pareil.

Le mercredi, madame Bavarde trouva un autre emploi.

Vendeuse de chapeaux.

Madame Beauté entra dans la boutique
pour s'acheter un nouveau chapeau
mais repartit les mains vides.

– Chère madame, nous avons un chapeau
qui vous ira à ravir et que vous adorerez
car il est de ce rose qui sied
si bien à votre teint qui est…

Et patati et patata…

Les paroles s'envolent et les chapeaux restent !

Le jeudi, elle était renvoyée et devenait
la secrétaire de monsieur Malpoli.

Monsieur Malpoli ne se contentait pas
d'être malpoli, il était riche
et gagnait beaucoup d'argent.

Mais ce jour-là, il ne fit pas fortune.

– Je n'ai jamais travaillé dans un bureau
et j'en suis si ravie que je vais
vous servir une tasse de café
mais si vous êtes aussi riche qu'on le dit
vous préférerez peut-être...

Et patati et patata...

Les paroles s'envolent et le travail reste à faire !

Malgré tout,
cette histoire se termine très bien
pour madame Bavarde.

Elle a fini par trouver un emploi.

Elle est au septième ciel,
et peut-être même au huitième.

Le samedi soir,
monsieur Bavard était chez lui,
au « Moulin à paroles ».

Il avait rendez-vous avec madame Bonheur
à sept heures et se demandait quelle heure
il pouvait être car sa montre s'était arrêtée.

Il décida donc de téléphoner
à l'horloge parlante.

Il composa le numéro.

– … dix-huit heures vingt-neuf minutes quarante secondes… Cinquante secondes… Au quatrième top, il sera exactement dix-huit heures trente minutes.

BIP ! BIP ! BIP ! BIP !

– C'est drôle, pensa monsieur Bavard, on dirait la voix de ma sœur…

LIVRES CD

MME BAVARDE
ROGER HARGREAVES
MONSIEUR MADAME
LIVRE CD
hachette
JEUNESSE

MME COQUETTE
ROGER HARGREAVES
MONSIEUR MADAME
LIVRE CD
hachette
JEUNESSE

MME CHIPIE
ROGER HARGREAVES
MONSIEUR MADAME
LIVRE CD
hachette
JEUNESSE

M. BAGARREUR
ROGER HARGREAVES
MONSIEUR MADAME
LIVRE CD
hachette
JEUNESSE

M. CHATOUILLE
ROGER HARGREAVES
MONSIEUR MADAME
LIVRE CD
hachette
JEUNESSE

M. NON
ROGER HARGREAVES
MONSIEUR MADAME
LIVRE CD
hachette
JEUNESSE

... ET RETROUVE TOUS TES HÉROS PRÉFÉRÉS

1 MME AUTORITAIRE
2 MME TÊTE-EN-L'AIR
3 MME RANGE-TOUT
4 MME CATASTROPHE
5 MME ACROBATE
6 MME MAGIE
7 MME PROPRETTE
8 MME INDÉCISE

9 MME PETITE
10 MME TOUT-VA-BIEN
11 MME TINTAMARRE
12 MME TIMIDE
13 MME BOUTE-EN-TRAIN
14 MME CANAILLE
15 MME BEAUTÉ
16 MME SAGE

17 MME DOUBLE
18 MME JE-SAIS-TOUT
19 MME CHANCE
20 MME PRUDENTE
21 MME BOULOT
22 MME GÉNIALE
23 MME OUI
24 MME POURQUOI
25 MME COQUETTE

26 MME CONTRAIRE
27 MME TÊTUE
28 MME EN RETARD
29 MME BAVARDE
30 MME FOLLETTE
31 MME BONHEUR
32 MME VEDETTE
33 MME VITE FAIT

34 MME CASSE PIEDS
35 MME DODUE
36 MME RISETTE
37 MME CHIPIE
38 MME FARCEUSE
39 MME MALCHANCE
40 MME TERREUR
41 MME PRINCESSE
42 MME CÂLIN

DANS LA COLLECTION **MONSIEUR MADAME**

Traduction : Evelyne Lallemand
Édité par Hachette Livre – 43, quai de Grenelle, 75905 Paris Cedex 15
Dépôt légal : juin 2014 – Édition 01
Loi n° 49-956 du 16 juillet 1949 sur les publications destinées à la jeunesse.
Imprimé et relié par Tien Wah Press en Malaisie.